चींटियाँ

मेल्विन एवं गिल्डा बर्जर

अनुवादकः विनिता गोयल

स्कॉलास्टिक

न्यूयॉर्क टोरंटो लंदन ऑकलण्ड सिडनी नई दिल्ली हाँग काँग

Original English edition published in September 2002 by Scholastic Inc., New York, U.S.A.

This Hindi edition reprinted in 2024 by Scholastic India Pvt. Ltd.,
A-27, Ground Floor, Bharti Sigma Centre, Infocity-I, Sector-34, Gurgaon 122 002

Printed in India at Shivam Offset Press, New Delhi

ISBN: 978-81-7655-521-0

₹ 90

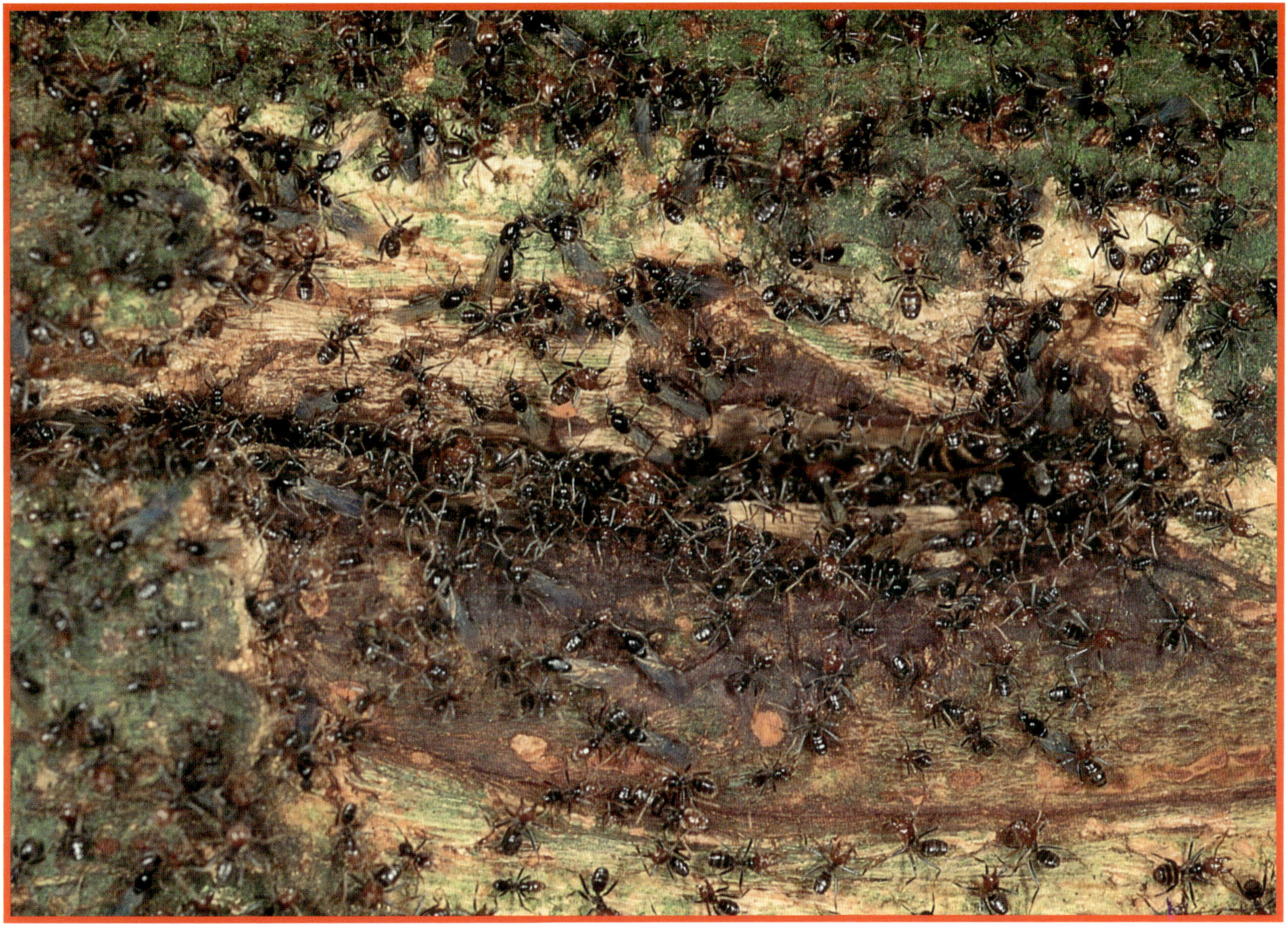

चींटियाँ एक-साथ मिल-जुल कर रहती हैं।

चींटियाँ घर (बिल) बनाती हैं – एक साथ।

चींटियाँ बच्चों की देखभाल करती हैं – एक साथ।

चींटियाँ खाना ढूँढ़ती हैं – एक साथ।

चींटियाँ खाना घर ले जाती हैं –
एक साथ।

चींटियाँ अंडों से निकलती हैं – एक साथ।

चींटियाँ अंडों की देखभाल करती हैं – एक साथ।

रोचक तथ्य

चींटियाँ जब लड़ती हैं तो वे काटती हैं या डंक मारती हैं।

चींटियाँ दुश्मनों से लड़ती हैं – एक साथ।

चींटियाँ अन्य चींटियों से लड़ती हैं – एक साथ।

चींटियाँ आराम करती हैं – एक साथ।

अनेक चींटियाँ घूमती-फिरती हैं – एक साथ।

चींटियाँ बहुत बड़ी भी हो सकती हैं।

चींटियाँ बहुत छोटी भी हो सकती हैं।

बड़ी या छोटी, चींटियाँ लगभग
सब कुछ करती हैं – एक साथ।